MANUAL DEL PESIMISTA
(ESPERE LO PEOR)

Guadalajara 25/12/95

PARA SANDRA,

POR EL GUSTO DE COMPARTIR ESTOS DÍAS. OJALÁ DISFRUTES EL MANUAL PORQUE MENOS POR MENOS DA MAS.

$(-)(-)=(+)$ Arturo Villar

MANUAL DEL PESIMISTA
(ESPERE LO PEOR)

ERIC MARCUS

Barcelona, Bogotá, Buenos Aires, Caracas,
Guatemala, México, Miami, Panamá, Quito, San José,
San Juan, San Salvador, Santiago de Chile.

Edición original en inglés:
EXPECT THE WORTS. You Won't be Disappointed
de Eric Marcus.
Una publicación de Harper San Francisco, división de
HarperCollins Publishers, Inc.
1160 Battery Street, San Francisco, CA 94111
Copyright © 1992 por Eric Marcus

Copyright © 1994 para Latinoamérica por
Editorial Norma S. A.
Apartado Aéreo 53550, Bogotá, Colombia.
Reservados todos los derechos.
Prohibida la reproducción total o parcial de este libro,
por cualquier medio, sin permiso escrito de la Editorial.
Primera reimpresión, 1994
Segunda reimpresión, 1994
Tercera reimpresión, 1995
Cuarta reimpresión, 1995
Impreso por Carvajal S. A. — Imprelibros
Impreso en Colombia — Printed in Colombia
Mayo, 1995

Traducción: Alfredo Ocampo Zamorano
Ilustraciones: Ángela María Rodríguez

Dirección editorial, María del Mar Ravassa G.
Edición, Armando Bernal M.
Dirección artística, Mónica Bothe
Diagramación, María Clara Salazar
Diseño de cubierta, Mónica Bothe

ISBN 958-04-2639-2

A mi abuela Ethel, quien siempre me dijo:
"Jamás llegaré a verte casado".
(Tenía razón.)

Prólogo

Contra mi mejor criterio, me dejé convencer de mi editora de que hiciera este libro. Desde el comienzo mismo hablamos, y yo estaba convencido de que el proyecto iba a fracasar. "¿Quién lo va a comprar?", le pregunté. "Sé que nunca lo lograré", protesté. "No podré cumplir el plazo", le previne.

Pero cuanto más enfático me ponía, más se convencía ella de que yo era la persona perfecta para armar un libro de citas pesimistas. Según ella, yo tenía la actitud apropiada, y, todavía mejor, tenía la inspiración genética apropiada. Ella ya tenía informes acerca de mi abuela Ethel, que se contaba entre los más notables pesimistas de todos los tiempos.

La abuela Ethel, quien, debo advertir, era una abuela bondadosa y amorosa, no era la persona más positiva del mundo. Por ejemplo, cada invierno, después de la primera helada fuerte, me llamaba para recordarme que no caminara en charcas congeladas porque podría caerme, romper el hielo y ahogarme. Estas llamadas eran inevitablemente seguidas por recortes de prensa sobre niños que habían pagado con la vida el hecho de caminar sobre hielo delgado. Yo siempre tomaba muy en serio estas prevenciones, aunque el sitio más cercano en que me podía ahogar era el Océano Atlántico, que quedaba como a dieciséis kilómetros de distancia. Hasta el día de hoy, nunca he caminado en una charca congelada, aunque estoy seguro de que eso va a suceder un aberrante día descuidado, cuando no me fije por dónde estoy caminando.

Con mi abuela como inspiración, y con la ayuda de muchos "potentados del negativismo", charlando, o de otra manera (para tomar en préstamo palabras de Spiro Agnew), creé este libro. Me gusta pensar que es una especie de antídoto contra el inextinguible y sacarino auge de libros que tienen títulos como: *Y vivieron felices..., El gozo de la visualización, o Vivir en la luz.* ¿Es posible soportar un solo libro más que nos diga que lograremos la paz interna — o la salud excelente — con pensamientos bondadosos?

De modo que, si usted está buscando solamente unos cuantos recordatorios (y, Dios no lo quiera, unas cuantas risas) acerca de la manera como son realmente las cosas, usted llegó al sitio apropiado. Después, igualmente, lo que a usted le parezca cómico y lo que a mí me parezca cómico probablemente sean cosas totalmente diferentes, pero yo le prometí a mi editora que yo esperaría lo peor, y promesa es promesa. Al menos no me siento culpable porque desde el principio le advertí que este libro probablemente sería un fracaso tremendo. Desgraciadamente, ella cree que me las estoy dando de chistoso.

Sólo una nota acerca de lo que se dice de los autores: Cuando no hay fecha de nacimiento o muerte, el individuo citado está vivo (eso espero), o simplemente, no pude obtener esos datos.

En cuanto a las personas que cité erróneamente o a quienes por error no les di debidamente el crédito, les ruego que me perdonen. Si usted se comunica conmigo escribiendo a la dirección que doy más adelante, haré las correcciones en una próxima edición (¿próxima edición? ¿Pero es que estoy hablando en serio?). Por último, si usted tiene un gran pensamiento pesimista que quiera compartir, escríbame a Harper San Francisco, 1160 Battery Street, San Francisco, CA 94111, Estados Unidos.

Si tengo suerte, tal vez alguien en Harper San Francisco recuerde quién soy yo y me haga llegar su carta, suponiendo que no he caído a través del hielo.

Eric Marcus

LA VIDA

Respecto a su manera de entender la vida, siempre pensé que mi abuela Ethel era una gran pesimista. Pero eso fue antes de que Leonore Fleischer me escribiera acerca de su madre, Helen, de quien Leonore pensaba que tenía suficientes pensamientos de pesimismo como para llenar el texto de MANUAL DEL PESIMISTA y varios otros. Leonore me escribió: "Si me mandas con tu dirección una caja de tamaño materno, con un par de respiraderos y suficientes estampillas, te despacho a mi propia madre, una mujer a quien, cuando se la enfrenta al dilema común «¿Está el vaso medio lleno o medio vacío?», puede convencerte de inmediato, y a la vez sin ningún esfuerzo, de que: a) no existe el vaso, estás con fiebre y desvariando; y b) el vaso está sucio y roto, y si lo utilizas, adquieres una enfermedad incurable". Perdón, abuelita; en cuanto a pesimismo, la mamá de Leonore llega a límites que tú nunca alcanzas.

Nacer: El primero y el más horrendo de todos los desastres.
—Ambrose Bierce (1842-1914?)

Todos estamos en esto solos.
—Lily Tomlin

Nacer no es más que el comienzo de la muerte.
—Edward Young (1683-1765)

Nacer es una miseria, vivir es un dolor, y morir es un problema.
—San Bernardo de Clairvaux (1090-1153)

He aprendido a aceptar el nacimiento y la muerte, pero a veces todavía me preocupa lo que hay de por medio.
—Ashleigh Brilliant

Todavía recuerdo que a los cinco años de edad me decían que la niñez es el tiempo más feliz (una mentira piadosa en esos tiempos). Yo lloré sin consuelo; deseaba estar muerto y me preguntaba cómo podría aguantar el aburrimiento de tantos años que me esperaban.
—Bertrand Russell (1872-1970)

Con frecuencia mi madre me decía: "Marshall, cuanto más pronto aprendas que la vida es un noventa y cinco por ciento de miseria y solamente un cinco por ciento de felicidad, mejor te irá".
—**Marshall Kirk**

La vida es mucho más fácil de lo que crees; sólo es necesario aceptar lo imposible, pasarla sin lo indispensable y aguantar lo intolerable.
—**Kathleen Norris (1880-1966)**

¿Para qué te torturas tú mismo si la vida se encargará de torturarte?
—Laura Walker

No te preocupes por el mañana; no se sabe qué te sucederá hoy.
—Refrán popular yiddish

El miedo al fracaso es lo que me hace continuar. El miedo al éxito es lo que me detiene en mi camino.
—Eric Marcus

¡Ten valor! No importa qué decidas hacer; lo más probable es que te equivoques.
—Ashleigh Brilliant

Ninguna buena acción está libre de castigo.
— Clare Boothe Luce (1903-1987)

Nunca afrontes los hechos; si lo haces, jamás te levantarás cada mañana.
— Marlo Thomas

Cada mañana anuncia un nuevo día, en el cual algo puede salir mal.
— Bob Uyeda

¿Qué se puede esperar de un día que comienza con tener que levantarse?
— Wendy R. Ellner (Título enviado a un concurso de una revista neoyorquina para canciones populares)

No hay límites para las complicaciones de las cosas porque una cosa siempre lleva a otra cosa.
—E. B. White (1899-1985)

Si no es una cosa, son dos.
—James B. Ledford (1924-1981)

Cuando nos llegan las penas no nos llegan una tras otra. Nos llegan en batallones.
—William Shakespeare (1564-1616), *Hamlet*

La vida se divide en dos: lo horrible y lo desdichado.
> —Woody Allen

Me daría por vencida ahora, pero no tengo tiempo.
> —Jane Belenky

El noventa por ciento de la vida es de desdicha — si tienes suerte.
> —Eric Marcus

La vida no es una maldición tras otra; es la misma maldición que se repite y se repite.
—Edna St. Vincent Millay (1892-1950)

El optimista es un individuo que no tiene mucha experiencia.
—Don Marquis (1878-1937)

Quien espera mucho puede esperar poco.

Gabriel García Márquez

Bendito quien nada espera porque no sufrirá ninguna decepción.
—Alexander Pope (1688-1744)

No importa qué pidas en un restaurante; lo que pidan los demás siempre parecerá mejor.
—Paulina Borsook

Hay dos tragedias en la vida; la una es no lograr lo que se desea. La otra es lograrlo.
—George Bernard Shaw (1856-1950)

La vida es un bocado o hambre.
—**Susan Wolbarst**

Si algo puede salir mal, saldrá mal.
—**Ley de Murphy**
**(se dice que la inventó
George Nichols en 1949)**

Murphy fue un optimista.
—**Atribúyese a varios**

El pan sólo cae sobre el lado que tiene mantequilla.
—**Proverbio inglés**

Antes de empeorarse, las cosas se empeoran mucho más.
—**Lily Tomlin**

Cada día es tan horrible que no podría ser peor.
—Barbara Giese

Me senté a pensar un día, casi desesperado; sobre mi hombro sentí el peso de una mano y una voz que me reconfortaba y me decía: "Vamos, alégrate, las cosas podrían ser peores". Me puse de buen humor, y tal cual, las cosas se pusieron peores.
—James Hagerty (1901-1981)

Es sabio en la prosperidad, cuando todo resulta como quisiéramos, espantarse esperando lo peor.
—Desiderio Erasmo (1466-1536)

La luz al final del túnel es sólo un tren, y éste, de todas maneras, no es tuyo.
—**Autor desconocido**

Siempre comienzo por leer la última página de un libro; así, si muero antes de terminarlo, sabré el final.
—**Nora Ephron**

Las estadísticas sobre la muerte no cambian.
—**Autor desconocido**

La situación es irremediable, pero no es seria.
> —Proverbio austríaco, tal como lo recordaba la abuela de Rick Stryker

Siempre está muy oscuro antes de las tinieblas totales.
> —Connie Winkler

¿De qué sirve esforzarse en tener una visión agradable de las cosas, si mirarlas con escepticismo es aproximarse más a la verdad?
> —George Bernard Shaw (1856-1950)

No importa cuán escéptico te pongas;
es imposible mantenerse firme.

—Lily Tomlin

No creas en nada, y está siempre
prevenido contra todo.

—Proverbio latino

Cuanto más sepas, las cosas serán
más difíciles. Porque cuanto más
descubras, más desagradable te
parecerá todo.

—Frank Zappa

Saberlo todo es no perdonarlo todo. Es menospreciar a todo el mundo.
—Quentin Crisp

Con seguridad, cuando trates de causarle buena impresión a alguien, cometerás alguna estupidez.
—Tamara Valjean

La vida es algo que te sucede mientras haces otros planes.
—Margaret Millar

La vida que se analiza no vale la pena vivirla.
—Gloria Steinem, según le dijo a Suzanne Braun Levine

Cien mil lemmings (roedores de Noruega, que se lanzan a la muerte desde un acantilado, siguiendo al líder, cuando hay superpoblación) no pueden equivocarse.
—Grafito

El hecho de que seas paranoico no quiere decir que no te estén buscando.
—Se atribuye a varios

No mires hacia atrás; algo te puede estar alcanzando.
—Satchel Paige (1906-1982)

Una sola ley rige, en general, para la vida: La juventud es
un disparate; la edad adulta, una lucha; la vejez, un arrepentimiento.
—Benjamin Disraeli (1804-1881)

Luego de un año de terapia, me dijo mi psiquiatra: "Tal vez la vida no es para todos".
—Larry Brown

La vida es sólo un tazón de huecos.
—Rodney Dangerfield

Anímate, que todavía no ha sucedido lo peor.
—Philander Johnson

Ella no sólo espera lo peor; cuando le sucede lo peor, ella empeora más las cosas.
—Michael Arlen (1895-1956)

Siempre espero lo peor, y siempre resulta peor de lo que esperaba.
—Henry James (1843-1916)

Ningún asunto es tan pequeño que no pueda inflarse desproporcionadamente.
—Stuart Hughes

No pidas problemas prestados; ellos pronto te encontrarán.
—La madre de Betsy Rapoport y "Gram"

La vida puede ser muy trágica: estás aquí hoy y estarás aquí mañana.

—Ashleight Brilliant

Vivir es una enfermedad de la cual el sueño nos libera cada diez y seis horas. Es sólo un paliativo. El remedio es la muerte.

—Nicolas-Sébastien Chamfort
(1741-1794)

Morimos antes de haber aprendido a vivir.

—Stephen Winsten

La vida es un negocio duro del cual nadie sale con vida.
—Herbert Frankel

Todos somos gente en trance de morir.
—Barry Owen

No hay tal paz interior. Sólo nerviosidad y muerte.
—Fran Lebowitz

El final no es la muerte. Todavía queda el litigio de la sucesión.
—Ambrose Bierce (1842-1914?)

Donde hay un testamento, hay un impuesto.
—Michael Crawford

Siempre habrá algo más.
—Gilda Radner (1947-1989)

Con la suerte que tengo, cuando atraque mi barco estaré en el aeropuerto.
—John Adey

Espera lo peor (no quedarás defraudado).
—Eric Marcus

Creo en la maldad absoluta de las cosas inanimadas... el jabón se nos escapa de las manos, las cuerdas se enmarañan, los botones se caen, los tirantes tienden a retorcerse, los ganchos a no encontrar su justo agarre, y terminan enredados en el pelo de sus desventuradas propietarias.
—Katharine Ashley (1840-1916)

LA GENTE

En términos generales, mi abuela no era ese tipo de persona que por naturaleza confía en la gente. A todas las personas que entraban en su pequeño almacén de Brooklyn las consideraba clientes potenciales o rateros potenciales — y no necesariamente en este orden. Cuando salía del almacén alguno que había entrado a curiosear, solía dirigirles una mirada a los anaqueles, convencida de que le habían robado una

Madona de porcelana o un gatito de cristal. Dado el estado de amoralidad de la humanidad, no es de sorprender que hasta el pesimismo innato de la abuela subestimara la capacidad de hurtar. En una ocasión, cuando se hallaba en el depósito, un cliente se alzó con la caja registradora de bronce, una máquina preelectrónica tan pesada como una caja fuerte de banco. Ella salió corriendo a perseguir al criminal, que por el peso del objeto avanzaba lentamente, y lo obligó a devolver su botín. Tuvo suerte el ladrón — la abuela solamente lo denunció. Ella hubiera preferido romperle el pescuezo.

Tenlo por seguro: en toda sociedad igualitaria desfoga uno su ira en las mujeres, por igual.
—Alan Sillitoe

A la verdadera igualdad se va a llegar no cuando una mujer Einstein sea reconocida tan rápido como un hombre Einstein sino cuando se ascienda tan rápidamente a una mujer torpe como a un hombre torpe.
—Bella Abzug, citada por Marlo Thomas

Se les enseña a los hombres a presentar excusas por sus deficiencias, y a la mujer por sus capacidades.
— Lois Wyse

La única vez que una mujer tiene éxito en cambiar a un hombre es cuando éste es un bebé.
— Natalie Wood (1938-1981)

Los hombres lo pasan mucho mejor que las mujeres. Por un lado, se casan mucho más tarde; por otro, se mueren antes.
— H. L. Mencken (1880-1956)

Cuando conozco a un hombre, me pregunto: "¿Es éste el tipo de persona con quien quisiera que pasaran mis hijos el fin de semana?"
—**Rita Rudner**

... Cuidado con los hombres que lloran. Es cierto, son sensibles y están en contacto con los sentimientos, pero los únicos sentimientos a los cuales son sensibles y con los cuales están en contacto son sus propios sentimientos.
—**Nora Ephron**

Cuanto más conozco a los hombres, más me gustan los perros.
—**Madame de Staël (1766-1817)**

El perro que recoges muerto de hambre y alimentas y haces próspero, no te muerde. Ésta es la principal diferencia que hay entre un perro y un hombre.
—**Mark Twain (1835-1910)**

No es necesario creer en una fuente sobrenatural para el mal; los hombres por sí solos son capaces de toda clase de maldades.
—Joseph Conrad (1857-1924)

Sólo me importa saber que un hombre es un ser humano — esto me es suficiente; no podría ser peor.
Mark Twain (1835-1910)

Los niños son niños, y también lo son una gran cantidad de hombres de mediana edad.
—F. McKinney (Kin) Hubbard (1868-1930)

Los hombres son como los inodoros; o están ocupados o llenos de lo que sabemos.
—Autor desconocido

Aprendemos por experiencia que los hombres nunca aprenden nada por experiencia.
—George Bernard Shaw (1856-1950)

El norteamericano ciento por ciento es el noventa y nueve por ciento idiota.
—George Bernard Shaw (1856-1950)

Nadie entró nunca en bancarrota por subestimar el gusto del público estadounidense.
—H. L. Mencken (1880-1956)

El público es maravillosamente tolerante. Lo perdona todo, menos el genio.
—Oscar Wilde (1854-1900)

La diferencia entre el genio y la estupidez es que el genio tiene sus límites.

—**Autor desconocido**

La naturaleza humana suele ser el mayor impedimento para tomar una decisión inteligente.

—**Autor desconocido**

La mayoría de la gente prefiere morir a pensar; en realidad, así lo hacen.
—Bertrand Russell (1872-1970)

Sólo hay dos cosas infinitas: el universo y la estupidez humana; pero de la primera no estoy bien seguro.
—Albert Einstein (1879-1955)

Sólo los mediocres siempre se están luciendo.
—Jean Giraudoux (1882-1944)

Los mejores no tienen ninguna convicción, mientras que los peores están llenos de apasionada intensidad.
—William Butler Yeats (1865-1939)

En realidad, nadie escucha a nadie; pruébalo durante un rato, y verás por qué.
—Mignon McLaughlin

Confía en todo el mundo, pero corta tú la baraja.
—Finley Peter Dunne (1867-1936)

No confíes en los que aclaman; esas mismas personas gritarían lo mismo si nos fueran a ahorcar a ti o a mí.
—Oliver Cromwell (1599-1658)

Es un pecado creer que los demás son malos, pero rara vez es un error.
—H. L. Mencken (1880-1956)

Es una tontería seguir aparentando que en el fondo todos somos hermanos. La más probable verdad es que en el fondo todos somos caníbales, asesinos, traidores, mentirosos, hipócritas, cobardes.

—Henry Miller (1891-1980)

Los amigos pueden llegar y pasar, pero los enemigos se acumulan.

—**Autor desconocido**

Las únicas personas normales son las que uno no conoce bien.

—Joe Ancis

Con la gente no se puede convivir, y punto.

—Marshall Kirk

LA FAMILIA

Por sobre todo lo demás, la abuela Ethel prefería a su familia. No es que la familia la hiciese feliz — sobra decirlo. Cada verano, hasta donde puedo recordar, y hasta donde mi madre puede recordar, la abuela Ethel regresaba de sus vacaciones de verano en las montañas con su media docena de hermanas a anunciar: "¡Nunca, nunca más vuelvo a ir!" Pero año tras año, cuando se acercaba el verano, la abuela se ponía de acuerdo con sus hermanas para pasar otras vacaciones con ellas en la misma colonia de cabañas, en las montañas Catskills. Con varias semanas de anticipación, predecía en la forma más pesimista: "¡Va a ser terrible! ¡Vamos a estar peleando todo el tiempo!" Y, año tras año, estaba en lo cierto.

Bien te joroban papá y mamá; tal vez no quieran, pero es verdad. Todos sus defectos te los heredan, y como extra, otros te agregan.
—Philip Larkin (1922-1985)

Si no es una cosa, es tu madre.
—Atribúyese a varios

Tal como suelen ser los padres, rara vez será una desgracia no tener padre; y teniendo en cuenta cómo suelen resultar los hijos, igualmente rara vez será una desgracia no tener hijos.
—**Lord Chesterfield (1694-1773)**

La primera mitad de nuestra vida nos la arruinan nuestros padres y la segunda mitad, nuestros hijos.
—**Clarence Darrow (1857-1938)**

No hay nada malo con los adolescentes que razonar con ellos no lo agrave.
—**Autor desconocido**

La felicidad es tener una familia grande, amorosa, cuidadosa, que se preocupe por uno y esté bien unida, pero en otra ciudad.

—George Burns

Los familiares son sencillamente una manada de gente tediosa, que no tiene ni la más remota idea de cómo vivir, ni siquiera el menor instinto acerca de cuándo morir.

—Oscar Wilde (1854-1900),
La importancia de llamarse Ernesto

EL AMOR, LAS RELACIONES Y EL MATRIMONIO

Como lemmings [los roedores noruegos] en busca de un acantilado, a los humanos inexorablemente nos atrae la promesa del amor y el matrimonio. Y la abuela no era una excepción a esta búsqueda generalmente irremediable. (Aunque hoy en día la mitad de los matrimonios se divorcian.

Y muchos más debieran hacerlo.) Pero al contrario de lo esperado y de la experiencia, la abuela tuvo buena fortuna en el amor. Encontró un hombre bueno. Infortunadamente, él murió joven, lo cual no contribuyó en nada a mejorar el concepto pesimista de la vida que la abuela ya tenía.

El amor es fuego. Pero nunca puedes saber si te va a calentar el corazón o a quemar la casa.
—Joan Crawford (1906-1977)

Toda niña pequeña sabe de amor. Es sólo su capacidad de sufrir por amor lo que aumenta.
—Françoise Sagan

El problema de amar es que los animalitos mimados no viven lo suficiente, y la gente vive demasiado.
—**Autor desconocido**

El amor es ideal. El matrimonio, real. El hecho de confundir las dos cosas nunca queda impune.
—**Johann Wolfgang von Goethe (1749-1832)**

Si deseas leer sobre el amor y el matrimonio, debes comprar dos libros distintos.
—**Alan King**

Amor, sustantivo: Locura temporal que el matrimonio cura.
—**Ambrose Bierce (1842-1914?)**

Todo hombre es feliz dos veces en la vida: cuando acaba de conocer su primer amor y cuando acaba de dejar su último amor.
—**H. L. Mencken (1880-1956)**

El hombre es un encanto dos veces en la vida: el día que te casas con él y el día que lo entierras.
—**Jane Bartlett**

Los pobres quieren ser ricos, los ricos quieren ser felices; los solteros quieren casarse, y los casados, morirse.
—**Ann Landers**

Me parece que al anhelo de casarse — que, siento decirlo, considero básico y primordial para las mujeres — sigue casi de inmediato una urgencia igualmente primordial: volver a ser soltera.
—**Nora Ephron**

Que te cases o que no te cases, siempre te pesará.

—**Paul Brown**

El problema de algunas mujeres es que se entusiasman con cualquier cosa — y luego se casan con él.

—Cher

Siempre que quieras casarte con alguno, ve a almorzar con su ex esposa.

—Shelley Winters

Personalmente, considero que si una mujer no ha encontrado al hombre perfecto a los veinticuatro años, tiene suerte.

—Deborah Kerr

Mantén bien abiertos los ojos antes de casarte y medio cerrados después.
—**Atribuido a varios**

La mujer llora antes de la boda, y el hombre después.
—**Proverbio polonés**

Uno nunca se casó, y esto es su infierno; otro se casó, y esto es su tormento.
—**Robert Burton (1577-1640)**

Desposada, sustantivo: Una mujer con buenas perspectivas de felicidad que dejó atrás.
—Ambrose Bierce (1842-1914?)

Entras aquí vivo y sales cadáver. (En el pabellón denominado "chuppa", en el cual celebran el matrimonio las parejas judías.)
—Shalom Aleichem (1859-1916)

El hombre se casa por cansancio, y la mujer por curiosidad; ambos quedan defraudados.
—Oscar Wilde (1854-1900).
Una mujer sin ninguna importancia

El matrimonio que probablemente se pueda llamar feliz es aquél en que ninguno de los cónyuges espera de él mucha felicidad.
—Bertrand Russell (1872-1970)

Matrimonio: La alta mar para la cual aún no se ha inventado ninguna brújula.
—Heinrich Heine (1797-1856)

Cuando una joven se casa cambia las atenciones de muchos hombres por la desatención de uno.
— Helen Rowland (1875-1950)

La mejor manera de estar solo es casarse.
— Gloria Steinem

Matrimonio, sustantivo: El estado o condición de una comunidad formada por dos amos y dos esclavos, que en total son dos.
— Ambrose Bierce (1842-1914?)

El matrimonio es la única guerra en la cual se duerme con el enemigo.
—**Autor desconocido**

El año más difícil del matrimonio es el que estás viviendo.
—Franklin P. Jones

Antes del matrimonio, un hombre pasa la noche en vela pensando en algo que dijiste; después de casarse, se dormirá antes que termines de hablar.
—Helen Rowland (1875-1950)

Hay tan poca diferencia entre los maridos, que bien puedes quedarte con el primero.
>—Adela Rogers St. Johns (1894-1988)

Confía en tu marido, adora a tu marido, y haz que queden tantos bienes como puedas a tu nombre.
>—Consejo que le dio a Joan Rivers su madre

Cuando un hombre le lleva flores a su esposa sin ninguna razón, es porque hay alguna razón.
>—Molly McGee (1897-1961)

El matrimonio es una novela romántica en la cual el héroe muere en el primer capítulo.

—**Autor desconocido**

Comienza con un príncipe que besa a un ángel, y termina con un calvo que mira a una gorda que está al otro lado de la mesa.

—**Autor desconocido**

El matrimonio es una fiebre al revés: comienza con calor, y termina con frío.
—**Proverbio alemán**

La única paz sólida y durable entre un hombre y una mujer es indudablemente la separación.
—**Lord Chesterfield (1694-1773)**

Hombres y mujeres. Mujeres y hombres. Eso nunca funcionará.
—**Erica Jong**

DIOS Y LA RELIGIÓN

Desde el comienzo de mi educación espiritual, tuve mis dudas sobre Dios y la religión.

A la temprana edad de ocho años, mis padres me matricularon en la escuela hebrea para que asistiera tres tardes cada semana. Yo me preguntaba, ¿por qué mis padres, que no tenían ningún interés en el judaísmo y sí gran interés en las enseñanzas de los yoguis hindúes de nombres raros, me sometían a esta suerte?

Era sólo el comienzo de mi confusión. En la escuela hebrea aprendí que Dios era bueno y que yo era uno de los de su pueblo escogido. Aprendí también del rabí

Weinberger que era para mí una gran suerte estar vivo, puesto que habían perecido seis millones de judíos en el Holocausto. (¿Era Éste un Dios bueno?) También aprendí que Dios me castigaría si por cualquier motivo pisaba una iglesia o decía el nombre del llamado salvador de los cristianos. (De allí en adelante, lo denominé J.C.) Pero, al mismo tiempo, sabía que mi abuela Ethel, dueña de un pequeño almacén de regalos en un barrio católico-irlandés de Brooklyn, hacía un jugoso negocio en objetos religiosos, tales como cruces de madera, Madonas de porcelana, y pequeños retratos de J.C. No solamente no era castigada por negociar en idolatrías sino que recibía beneficios económicos vendiéndole al enemigo (aunque sin saberse qué le sucedería cuando tuviese que enfrentar a su creador).

Por tanto, nadie deberá sorprenderse de que, cuando me llegó el momento de la Confirmación (Bar Mitzvah), estaba bastante convencido de que Dios era un personaje ficticio, y de que si existía Dios, no era un Dios muy cuidadoso o bueno. Pero debo confesar que siempre que estoy en un avión, recorriendo la pista en medio del estruendo para despegar, dejo a un lado todas mis dudas e instintivamente recito el "Shema". Ésta es la oración que deben decir los judíos cuando piensan que van a morir. Por si acaso hay un Dios, me imagino que ello no me hará mal.

A veces pienso que cuando Dios creó al hombre sobreestimó las capacidades de éste.

—Oscar Wilde (1854-1900)

Si hay un Ser Supremo, tiene que estar loco.

—Marlene Dietrich (1901-1992)

Soy judío. Estamos en Navidad. Las cosas podrían ser mejores.

> —**De un aviso publicitario de "judíos por Jesús"**

Dios nos castiga concediéndonos las cosas que deseamos.

> —**Atribuido a varios**

Teme a los profetas ... y a quienes estén listos a morir por la verdad porque, por regla general, ellos hacen que muchas otras personas mueran con ellos, muchas veces antes que ellos, y en ocasiones, en lugar de ellos.
—Umberto Eco

Si de pronto Dios fuera condenado a vivir la vida que Él les impuso a los hombres, se suicidaría.
—Alejandro Dumas, hijo (1824-1895)

Cuanto más te quejes, más tiempo te deja vivir Dios.
>—**Leyenda en un prendedor de solapa visto por Carol Day**

Dios es amor, pero haz que te lo ponga por escrito.
>—**Gypsy Rose Lee (1914-1970)**

LA SALUD

Para la abuela Ethel el mundo era un sitio muy inhóspito, en el cual se conspiraba para quebrarnos los huesos, producirnos resfriados, y para terminar con nuestra vida temprano y abruptamente. A mi pobre madre, hija única de la abuela, se le prohibía hacer cualquier cosa arriesgada, tal como montar en bicicleta, nadar o patinar con patines de ruedas. Para mí fue más fácil. Como era su nieto, sólo se me amonestaba. Por ejemplo, cada vez que llovía, la abuela me llamaba y me decía: "No salgas a la lluvia sin tus chanclos porque te da neumonía, y te mueres". Bien podría yo haber sido un pesimista injerto, pero no estaba dispuesto a morir, con lo cual seguía sus instrucciones al pie de la letra. De eso hace un par de decenios; desde entonces, no uso chanclos. Sin embargo, cuando salgo bajo la lluvia, siento que estoy tentando a los dioses, en especial porque puedo oír esta vocecita con fuerte acento polaco susurrándome: "La gente aún muere de neumonía. No vayas a decir que no te lo advertí".

Madrugar y acostarse temprano hace que un hombre sea rico, sano, y muerto.
—James Thurber (1894-1961)

Los médicos son personas que prescriben medicamentos acerca de los cuales poco saben, para curar enfermedades acerca de las cuales saben menos, de seres humanos de quienes nada saben.
—Voltaire (1694-1778)

La única manera de conservar la salud es comer lo que a uno no le apetece, beber lo que no quiere, y hacer lo que preferiría no hacer.

—Mark Twain (1835-1910)

Ponerse a dieta es seguir un plan, generalmente sin esperanza, para disminuir de peso, el cual pone a prueba tu fuerza de voluntad, pero hace poco por tu cintura.

—Herbert B. Prochnow

La dieta del cardiólogo: Si sabe bien, escúpelo.

—Paulina Borsook

Luego del ataque cardíaco de mi padre, él dejó de fumar, redujo la cantidad de trago, y evitó la comida sabrosa. Cuando le dije: "Qué bueno que vas a vivir más", me contestó con voz molesta: "Uno no es que viva más, sino que parece que viviera".

—Nina Puglia

Cuanto más prolongadas las comidas, más corta la vida.
—Sir John Lubbock, Lord Avebury
(1834-1915)

Si es sabroso, te mata.
—Roy Qualley

Ya no se trata de mantenerse sano. Se trata de escoger una enfermedad que sea de tu agrado.
—Jackie Mason

Deja de preocuparte por tu salud. Ya se te irá.
—Robert Orben

ENVEJECER

La abuela nunca dijo nada bueno sobre el envejecimiento. ¿Y por qué tenía que decirlo? Se le cayeron los arcos dentales, la vista le falló, las encías se le encogieron y todo le dolía (así nos lo decía constantemente). En ese entonces yo era demasiado joven y me preguntaba por qué se quejaba tanto. "Envejecer no puede ser así de malo", pensaba.

Bueno, no hace mucho tiempo, mientras un cirujano ortopedista manipulaba mi cadera, tratando de determinar qué me estaba causando el dolor de agonía que sentía cada vez que daba un paso, me di cuenta de que no sólo era así de malo envejecer, con todas sus molestias, dolores, arrugas y canas, sino que eso comienza cuando uno es joven y sigue durante mucho tiempo, si uno tiene suerte.

Quien no es buen mozo a los veinte años, ni fuerte a los treinta, ni rico a los cuarenta, ni sabio a los cincuenta, nunca será buen mozo, fuerte, rico o sabio.
—George Herbert (1593-1633)

Uno comienza a sentirse joven a los sesenta años, pero ya es demasiado tarde.
—Pablo Picasso (1881-1973)

Un hombre de treinta años sospecha que él es tonto; está seguro a los cuarenta, y modifica sus planes; a los cincuenta, se reprocha su infamante demora, y se apremia para resolverse en su prudente propósito; con toda su grandeza de ánimo, se resuelve y lo resuelve; después, muere de todos modos.

—Edward Young (1683-1765)

Joven, cuando estés tan viejo como yo, sabrás que solamente hay una cosa en el mundo por la cual vale la pena vivir: el pecado.

—Lady Speranze Wilde (1821-1896), madre de Oscar Wilde

Es raro que no se haya puesto de moda hacerse el harakiri, como se lo hacen los japoneses cuando tienen sesenta años. La naturaleza es tan ofensiva que no lo tira a uno de la manga sino de los dientes, y se los saca, y le arranca los pelos en parches y le roba la vista y le tuerce la cara y se la vuelve una máscara fea; en resumen, nos hace toda clase de oprobios, sin quitarnos en lo más mínimo el fervor por tener una buena apariencia, y todo esto sucede a la vez que ella está moldeando las nuevas figuras que vemos alrededor de nosotros, de maravillosa belleza, lo cual, por supuesto, hace que nuestra situación sea más deplorable.

—Ralph Waldo Emerson (1803-1882)

Desde que nace hasta los dieciocho años, una mujer necesita buenos padres; de los dieciocho a los treinta y cinco, buen aspecto; de los treinta y cinco a los cincuenta y cinco, buena personalidad; y a partir de los cincuenta y cinco, buena moneda.

—Sophie Tucker (1884-1966)

El desarrollo máximo del cerebro tiene lugar, aproximadamente, a los veinticinco años de edad, y el número crítico de células — después de un período invariable desde el nacimiento hasta los primeros veinte años de edad — declina severamente hasta los noventa. Cada día de nuestra vida de adultos mueren más de 100 000 neuronas, y las neuronas, claro está, nunca se reponen.
—**Lord Rothschild (1911-1990)**

LA POLÍTICA

Cuando se trata de la política y de los políticos, soy un pesimista endurecido. Dada la situación política, tanto aquí como en el extranjero, es difícil no serlo. Realmente, todavía tengo que encontrar a alguien que sea un optimista respecto a la política, excepto, tal vez, un político. Yo solía escribirle los discursos a un funcionario elegido en el Condado de Queens, Nueva York. Era un tipo despreocupado. Le caía bien a todo el mundo.

Parecía gustarle su oficio. Después, un día resultó implicado, como una de las figuras centrales, en un escándalo relacionado con sobornos, y se enterró en el corazón un cuchillo de cortar carne. Todavía no he logrado liberarme de la impresión de que esta decisión de terminar con todo estaba relacionada con el último discurso que le escribí, y, desde entonces, ya no es para mí lo mismo que antes cortar un bisté.

Lector, supongamos que usted es un idiota y que es congresista. Pero me estoy repitiendo.
—Mark Twain (1835-1910)

No creo que el escepticismo, la repugnancia y la apatía sean otra cosa que una reacción realmente inteligente a la situación política estadounidense.
—Molly Ivins

Los que son muy inteligentes para meterse en política sufren el castigo de ser gobernados por los que son más estúpidos.
—**Platón (aprox. 428-348 a. de J.C.)**

Los puestos públicos son el último refugio de los incompetentes.
—**Boies Penrose (1902-1976)**

La democracia consiste en permitirle a uno votar por el candidato que menos le disgusta.

—Robert Byrne

Vota por el candidato que menos prometa, así quedarás menos defraudado.

—Bernard M. Baruch (1870-1965)

No importa por quién votes, el gobierno siempre tiene la culpa.
—**Grafito en Londres**

Política, sustantivo: El manejo de los asuntos públicos para provecho privado.
—**Ambrose Bierce (1842-1914?)**

El primer error en los asuntos públicos es meterse en ellos.
—**Benjamin Franklin (1706-1790)**

Ninguno saldrá de la presidencia con la misma reputación que lo llevó a ella.
—Thomas Jefferson (1743-1826)

Toda revolución se evapora y deja tras ella el fango de una nueva burocracia.
—Franz Kafka (1883-1924)

Es mejor que no sepas cómo se hacen las salchichas y las leyes.
—Autor desconocido

¿Quién cree que la ley tiene algo que ver con la justicia? Es lo que tenemos porque no podemos tener justicia.
—William McLevanney

Senado, sustantivo: Un cuerpo de caballeros ya maduros cargados de deberes importantes y de infracciones.
—Ambrose Bierce (1842-1914?)

Cuando era niño, me dijeron que cualquiera podía llegar a ser presidente; ahora estoy comenzando a creerlo.
—**Clarence Darrow (1857-1938)**

¿Quieres tener un amigo en Washington? Consíguete un perro.
—**Harry S. Truman (1884-1972)**

LA SITUACIÓN DEL MUNDO

Durante toda su vida la abuela Ethel vio la situación del mundo con decepción y pesimismo. Buenas razones tenía para ello. Ethel Sand nació a fines del siglo XIX en Lvov, Austria, creció en Polonia, y bien avanzados los años veinte emigró de la Unión Soviética. Lo chistoso es que, antes de abordar el barco hacia Brooklyn, la abuela no había salido nunca de la aldea donde nació. ¡No era la abuela sino los límites territoriales los que se mantenían moviéndose! Una vez que se estableció en Brooklyn, excepto por peregrinajes de temporada a la Florida y a los Catskills, no se volvió a mover. La abuela temía que si alguna vez salía del país, no la dejarían volver a entrar. También tenía sus sospechas cuando comía en el restaurante griego de tipo vagón que había en la misma calle, a corta distancia (donde, sin embargo, comía todos los días). A pesar de ser una inmigrante, nunca confió en los extranjeros.

El optimista proclama que vivimos en el mejor de todos los mundos posibles, y el pesimista teme que esto sea cierto.
—**James Branch Cabell (1879-1958)**

Nos hemos enfrentado con el enemigo, y el enemigo somos nosotros mismos.
—*Pogo*

A menudo parece que es una lástima que Noe y todos los de su grupo no hayan perdido el barco.
—Mark Twain (1835-1910)

Este mundo es una comedia para quienes piensan, y una tragedia para quienes sienten.
—Horace Walpole (1717-1797)

Ya pasó la edad de los caballeros; la han sucedido la de los sofisticadores, la de los economistas y la de los calculadores.

—Edmund Burke (1729-1797)

La causa fundamental de los disturbios en el mundo de hoy es que los estúpidos son presuntuosamente seguros, mientras que los inteligentes están llenos de dudas.

—Bertrand Russell (1872-1970)

La locura en los individuos es algo raro; pero en los grupos, en los partidos, en las naciones, en las épocas, es la regla.
—Friedrich Wilhelm Nietzsche (1844-1900)

Corríjanme si me equivoco, pero la delgada línea que hay entre la locura y la cordura ¿no se ha vuelto más delgada?
—George Price

Más que en cualquier otro tiempo de la historia, la humanidad se encuentra ante una encrucijada. Una senda lleva hacia la desesperación y la total desesperanza; la otra hacia la extinción total. Recemos para que tengamos la cordura de escoger correctamente.

—Woody Allen

MISCELÁNEOS:
El trabajo, la economía, el dinero, el trago, etc.

La abuela era una pesimista muy versátil. No importaba cuál fuese el asunto, si los negocios, el dinero, el clima — lo que quiera —, siempre tenía preparadas opiniones deprimentes apropiadas:

—Abuela, ¿cómo van los negocios? — le preguntaba.

—Podrían ser mejores — me respondía.

—Abuela, ¿no es verdad que está muy bello el clima? — decía yo.

—¿Bello? ¿Llamas eso bello? Podrías caer muerto de insolación con este clima —replicaba.

—Abuela, ¿Crees que irás a la Florida este año? — le preguntaba.

—¿Sabes lo que sucede si un avión se estrella contra la tierra a cientos de kilómetros por hora? — me contestaba.

Si la abuela hubiera vivido lo suficiente, le habría preguntado:

—Abuela, ¿crees que este libro será un gran éxito?

Con toda seguridad me habría contestado:

—¿Quién va a comprar esa clase de libro?

Cuando por fin lo logramos, ya no lo soportamos.
—Malcolm Forbes (1919-1990)

Cuando hay agitación y trajín en el trabajo y te acosan, y las entregas están retrasadas, y la gente te grita, y recibes cancelaciones, rezas para que se aquieten las cosas un poco y puedas respirar. Luego, cuando las cosas se ponen lentas, te preguntas si alguna vez volverás a hacer negocios. Con calma o con agitación, nunca es bueno.
—Richard Marcus

Si trabajas fielmente ocho horas diarias, puede que con el tiempo llegues a ser jefe y trabajes doce horas diarias.
—Robert Frost (1874-1963)

Una conferencia es una reunión de personas importantes que individualmente no pueden hacer nada, pero que conjuntamente pueden decidir que no pueden hacer nada.
—Fred Allen (1894-1957)

Las juntas son indispensables cuando uno quiere que no se haga nada.
>—John Kenneth Galbraith

¿Quién sabe?
>—Will Rogers (1879-1935)
>sobre los economistas

En esta economía, no hay bien que por mal no venga.
>—Titular de la revista *Business Week*,
>9 de marzo de 1992

Casi no hay nada en el mundo que otra persona no pueda hacer un poco peor y vender un poco más barato.
—**John Ruskin (1819-1900)**

Tengo suficiente dinero como para el resto de mi vida, a menos que compre algo.
—**Jackie Mason**

Ahorra un poco de dinero cada mes, y al final del año te sorprenderás de cuán poco tienes.
—**Ernest Haskins**

Algunos editores son escritores fracasados, pero también lo son la mayor parte de los escritores.
—**T. S. Eliot (1888-1965)**

La diferencia entre el periodismo y la literatura es que el periodismo es ilegible y la literatura no se lee.
—**Oscar Wilde (1854-1900)**

Escribir no es una profesión sino una vocación de desdicha.
—**Georges Simenon (1903-1985)**

Los anuncios contienen las únicas verdades confiables en un periódico.
—Thomas Jefferson (1743-1826)

Hay sólo dos maneras de decir la verdad total: anónimamente o póstumamente.
—Thomas Sowell

Ocasionalmente, los hombres tropiezan con la verdad, pero la gran mayoría de ellos se levantan y se van de prisa, como si nada hubiese sucedido.
—Sir Winston Churchill (1874-1965)

A pesar de ser tan escasa como la verdad, la oferta siempre ha superado a la demanda.
—Josh Billings (1818-1885)

Por bondad de Dios, en nuestro país tenemos esas tres cosas inefablemente preciosas: la libertad de expresión, la libertad de conciencia y la prudencia de nunca practicar ninguna de las dos.
—Mark Twain (1835-1910)

El alcohol es la anestesia con la cual aguantamos la operación de la vida.
—George Bernard Shaw (1856-1950)

Yo odiaría ser abstemio. Imagínense levantarme por la mañana sabiendo que eso es lo mejor que uno se va a sentir durante el resto del día.
—Dean Martin

Respecto a volverse abstemio: La buena noticia es que uno va a recobrar su vida. La mala noticia es que uno va a recobrar su vida.

—**Autor desconocido**

Alístate en el ejército, conoce el mundo, conoce personas interesantes, y mátalas.

—**Autor desconocido**

EL
PESIMISTA
OPTIMISTA

Parece que es un poco tarde en este libro para confesar lo siguiente, pero yo sí tengo una vena anémica de optimismo. Pues sí, yo tengo otra abuela, la abuela May. Ella es una de las personas más optimistas que he conocido en toda mi vida. Y siendo la genética como es, me ha sido imposible desterrar por completo los impulsos de optimismo. Por eso, para satisfacer la parte soleada de mi naturaleza, y para reconocer la influencia genética de la abuela May, decidí presentar aquí algunas citas para darle un giro de optimismo a una situación o visión de pesimismo. No se preocupen, estoy seguro de que podré superar esto.

Si ... no puedes ser un buen ejemplo, entonces tienes que ser precisamente una advertencia espantosa.
— **Catherine Aird**

Una cosa tranquilizadora acerca del arte moderno es que las cosas no pueden estar tan mal como las pintan.
— **M. Walthall Jackson**

El éxito es la habilidad de ir de falla en falla sin perder el entusiasmo.
— **Sir Winston Churchill (1874-1965)**

Siempre se puede triunfar dándose por vencido.
— **Bob Uyeda**

Depresión constructiva: Cómo sacar el mejor partido de sentirse derrotado.
—**Tema incluido en una videocinta sobre cómo manejar el estrés**

Hay algo en el dolor: saber que uno está vivo.

Ashleigh Brilliant

Envejecer es mejor que la alternativa.
—**Atribuido a varios**

Cuanto más vive uno menos futuro tiene por el cual preocuparse.
—**Ashleigh Brilliant**

Yo soy cautelosamente optimista acerca del otro mundo, pero sigo enterado de los riesgos que hay en este mundo.
—Jeremy Gluck

No tomes tan en serio la vida ... no es permanente.
—Kathy Holder

Las cuchillas cortan;
los ríos mojan;
los ácidos manchan;
las drogas dan retortijones;
las armas son ilegales;
los nudos son corredizos;
el gas hiede;
pero hay que seguir viviendo.
—Dorothy Parker (1893-1967)

EL PESIMISTA ESENCIAL

Por más que quisiera elevar a la abuela Ethel a aquel panteón sin par de los pesimistas esenciales, no puedo hacerlo. No es que la abuela no fuese una pesimista de primera categoría. Sí lo era. Pero, aunque la quiero, me toca aceptar que ella no era de los pesimistas a ultranza. Todos sabíamos que en lo profundo de su ser la abuela Ethel realmente esperaba lo mejor. Sin embargo, aunque la abuela Ethel fallaba la prueba máxima del pesimista esencial, todavía quedan muchos miles, si no millones, de personas regadas por el globo terráqueo que están convencidas de que la vida no es realmente mejor que la alternativa. Si usted se reconoce en estas últimas pocas páginas, inclúyase en esa clase especial de personas que, como la madre de Leonore Fleischer, son esencialmente pesimistas.

¿Sabe usted lo que es un pesimista? Un hombre que cree que todos los demás son tan detestables como él, y por eso los odia.
—George Bernard Shaw (1856-1950)

Un pesimista es alguien que se siente mal cuando se siente bien, por temor a sentirse peor cuando se sienta mejor.
—Autor desconocido

Cuando dos pesimistas se encuentran, no se dan la mano con efusión sino que mueven la cabeza con efusión (negativamente).

—Hunter Madsen

El pesimista es el que, cuando tiene que escoger entre dos males, los escoge ambos.

—Autor desconocido

Un pesimista es aquél que ha estado íntimamente familiarizado con un optimista.
—Elbert Hubbard (1856-1915)

Un optimista ve una oportunidad en cada calamidad; un pesimista ve una calamidad en cada oportunidad.
—Autor desconocido

¡Cómo son de felices los pesimistas!
¡Qué felicidad la de ellos cuando
demuestran que no existe la felicidad!
—Marie von Ebner-Eschenbach (1830-1916)

Uno debe tener el coraje de su
pesimismo.
—Ian McEwan

El pesimismo en nuestro tiempo es infinitamente más respetable que el optimismo: El hombre que prevé la paz, la prosperidad y la disminución de la delincuencia juvenil es un tipo descuidado y mentecato. El hombre que prevé la catástrofe tiene un don de discernimiento que le asegura que se convertirá en un comentador radial, un editor de la revista *Time* o un miembro del Congreso.

—John Kenneth Galbraith

El pesimismo es un lujo que un judío nunca puede permitirse.
—Golda Meir (1898-1978)

Mi pesimismo llega hasta el punto de sospechar de la sinceridad de los pesimistas.
—Jean Rostand (1894-1977)

Yo iba a comprar un ejemplar de *El poder del pensamiento positivo*, y entonces pensé: ¿Para qué diablos sirve eso?

—**Ronnie Shakes**

Agradecimientos

En un mundo lleno de optimistas irremediables, fui animado a descubrir más de un puñado de espíritus afines que nunca han dudado que el vaso está realmente medio vacío.

Probablemente les guarde eterna gratitud a quienes le aportaron sus yermos pensamientos a este libro (aunque tengo mis dudas sobre la palabra "eterna"). Usted encontrará sus nombres a lo largo del libro, agregados a sus contribuciones. Y muchas gracias a ustedes, los que me llamaron la atención acerca de citas apropiadamente pesimistas, especialmente Robert Abramson, Simeon Baum, Lila Bellar, Frank Browning, Tina Collen, Leonore Fleischer, David Frankel, Robert Getlan, Joan Lexau, Ann Northrop, Barry Owen,

Donald Poynter, Joel Roselin, Toni Sciarra, Randy Shilts, Christian Skeem, Georgette Weir y John Wolf.

Para obtener inspiración, en esa época en que me sentía vagamente optimista, dependía de un pequeño grupo de negativistas de clase mundial, entre los cuales estaban Posy Gering, Cynthia Grossman y Hunter Madsen.

Por último, deseo agradecerle a mi editora, Barbara Moulton, una irremediable optimista que nunca ha dudado del éxito potencial de este libro. Estoy seguro de que quedará defraudada.